(433°) Vente des 1er, 2 et 3 Mai 1879

JOLIE COLLECTION

DE

PORTRAITS

POUR

ILLUSTRATIONS

Ficquet, Gaucher, GRATELOUP, Savart, Watelet

Fragonard, LA BORDE à la lyre, etc.

ESTAMPES ET VIGNETTES

Œuvre de MOREAU le jeune

Eaux-fortes pures et avant la lettre

M° Maurice DELESTRE
COMMISSAIRE-PRISEUR
rue Drouot, n° 27.

M. VIGNÈRES
Md D'ESTAMPES
rue de la Monnaie, n° 21

PARIS — 1879

[H. Béraldi et son frère]

433.

CATALOGUE

D'UNE JOLIE COLLECTION

DE

PORTRAITS

POUR

ILLUSTRATIONS

Ficquet, Gaucher, GRATELOUP, Savart, Watelet

Fragonard, LA BORDE à la lyre, etc.

ESTAMPES ET VIGNETTES

Œuvre de MOREAU le jeune

Eaux-fortes pures et avant la lettre

DONT LA VENTE AURA LIEU

HOTEL DES COMMISSAIRES - PRISEURS

RUE DROUOT, 9, SALLE N° 4

AU PREMIER ÉTAGE

Les Jeudi 1er, Vendredi 2 et Samedi 3 Mai 1879

À UNE HEURE PRÉCISE

M° **MAURICE DELESTRE**, Commissaire-Priseur,
rue Drouot, 27,

Assisté de M. **VIGNÈRES**, Marchand d'Estampes,
rue de la Monnaie, 21 (ancien 13), à l'entre-sol.

PARIS — 1879

ORDRE DES VACATIONS

PREMIÈRE VACATION — Jeudi 1er Mai

Portraits.................................... N°ˢ 1 à 263

DEUXIÈME VACATION — Vendredi 2 Mai

Portraits.................................... N°ˢ 264 à 528

TROISIÈME VACATION — Samedi 3 Mai

Portraits.................................... N°ˢ 529 à 572
Estampes, Vignettes, Œuvre de Moreau. 573 à 791

CONDITIONS DE LA VENTE

Au comptant.
Les Acquéreurs paieront CINQ POUR CENT en plus des enchères.

M. VIGNÈRES, dirigeant la vente, se charge des Commissions.

NOTA. Toute commission sans prix fixé ou sans limite déterminée sera regardée comme nulle.

M. VIGNÈRES se charge de faire marquer les prix aux Catalogues des ventes qu'il a faites. Les personnes qui le désirent peuvent s'adresser à lui *franco*.

Plusieurs Amateurs éloignés en ont reconnu l'utilité pour les guider dans leurs Achats sur les valeurs des Estampes.

Les Catalogues des Ventes à faire seront envoyés aux personnes qui en feront la demande *affranchie*.

AVIS. — Nous prions MM. les Amateurs éloignés de ne pas attendre au dernier jour, pour que les lettres arrivent le matin de la vente; les lettres étant distribuées après mon départ.

Choix de Catalogues avec prix marqués.

M. VIGNÈRES se charge des commissions dans les Ventes de Livres et Estampes autres que les siennes.

CATALOGUE

PORTRAITS

1 **Adam** de Vienne, et autres. Franciscus 1. — Fr.-Joseph, archiduc. — Hadik. — Maximilianus. — Quarin. — Thurn et Taxis. — Ursin et Rosenberg, 7 p. in-8. Superbes ép.   5

2 — Marie-Christine d'Autriche, femme d'Albert, duc de Saxe. In-4. Superbe.   2 .50

3 **Alix**. Joseph BARRA, portrait en couleur, dominant la scène de sa mort, in-4, d'ap. *Garneray*. Très-belle ép.   7

4 — Dubus de PREVILLE, avec trois scènes de théâtre au bas. Charmant portrait gravé en couleur, par son filleul. Superbe ép. Petit in-fol.   18

5 **Allais**. BARRAS. In-32. Superbe ép. sur chine. Grand in-8.   1 .50

6 **Aubert**. Louis, dauphin de France, père de Louis XVI. Petit in-fol., d'ap. *Dé La Tour*. Belle ép. Grande marge.   1

7 **Audibran**. Louis XVI. — VERGNIAUD. 2 p. in-8. octogone, d'ap. *Raffet*. Superbes ép., avant la lettre. Marge in-fol.

8. **Audran** (J.). Fr. P. GILLET, avocat, né à Lyon, in-4, d'ap. *Tortebat*. Superbe ép. Grande marge.

9 **Augrand**. TALMA, rôle de Néron. Petit in-fol. Superbe ép., avant la lettre. Toute marge.

10 **Balechou**. Eudes MEZERAI. — J.-L. PETIT, chirurgien. 2 p. in-8. Très-belles ép.

11 — Don PHILIPPE, infant d'Espagne. Très-belle ép., in-fol.

12 **Barbié**. Le comte d'ESTAING, au bas le Siége de la Grenade. Superbe ép., in-8, marge.

13 — VOLTAIRE de profil, au bas une scène de la Henriade. In-8. Très-belle ép.

14 **Bazin** (N.). HELYOT, conseiller. In-4. Belle.

15 **Beauvarlet**. Le duc de BOURGOGNE étant jeune, d'ap. *Fredou*. In-8. Superbe ép.

16 — MOLIÈRE, d'ap. *S. Bourdon*. In-fol. Magnifique ép., avant la bordure.

17 — B.-G. SAGE, né à Paris, des académies de Paris, Stockolm, etc., grand in-8, d'ap. *Colson*. Très-belle ép. Toute marge.

18 **Beisson**. MAZARIN, cardinal, avant toute lettre. In-4. Très-belle ép.

19 **Benoist**. Mme la marquise de MAINTENON, in-12, d'ap. *Mignard*. Très-belle ép.

20 **Berger**. Pascal PAOLI, profil. In-4. Très-belle.

21 **Bernaerts**. LOUIS XV étant jeune, médaillon soutenu par Minerve et autres fig. allégoriques. In-4 en travers. Tête de page de l'Ovide de Banier. Magnifique ép., hors texte.

22 **Berny**. Ch.-Alex. de LORRAINE, à cheval en trait de plume. Petit in-fol.

23. **Berthet.** Restif de la Bretonne, d'ap. *Binet*.
In-4. Rare.

24. **Bertonnier.** Bailly. Superbe ép. in-8, avant
la lettre, sur chine. Toute marge.

25. — Malfilatre. Superbe ép. in-8, avant la lettre
sur chine. Grande marge.

26. — Larochefoucauld, auteur des Maximes, in-8,
d'ap. *Petitot*. Magnifique ép. La tablette blanche,
avant la lettre. Toute marge.

27. **Bettelini.** Sommariva, in-4, par *Vicar*. Superbe
ép., avant la lettre.

28. **Bleyswyck.** Imbof. Médaillon soutenu par la
Religion, avec allégories. Petit in-4. Superbe.

29. **Bolswert** (A.). F.-Adam Sasbout. In-8. Marge.

30. **Bonnart.** Clément IX, pape, petit in-fol., d'ap.
N. Poussin. Superbe.

31. **Bonnet.** Joseph II. Petit portrait en rouge.
Rare.

32. **Bonvoisin.** Anne d'Autriche. — Voltaire. 2
différents. 3 p. avant la lettre, sur chine. In-8.
Superbes ép., marge.

33. **Boumieu.** Mirabeau. In-4, manière noire,
avant toute lettre. Superbe ép. Très-rare. Marge.

34. **Canu.** Tomaso Annello, dit Masaniel, en pied.
Ovale petit in-fol. Marge vierge.

35. — Robespierre pressant un cœur dans une
coupe. In-12. Très-belle ép. Rare.

36. **Cars.** Michel-Ange Slodtz, sculpteur. — Paul-
Ambroise Slodtz, sculpteur. — Sébastien-
Antoine Slodtz, dessinateur. 3 p. in-4, d'ap.
Cochin. Très-belles ép.

37 **Cathelin**. P.-N. Le Cauchois, né à Rouen, avocat au Parlement de Normandie, in-8, d'ap. Mlle *de Noireterre*. Superbe ép.

38 — Louis-Stanislas-Xavier, Monsieur frère du Roi. — Marie-Joséphine-Louise de Savoie, comtesse de Provence, sa femme. 2 port. d'ap. *Drouais*. Superbes ép.; avant toute lettre. Petit in-fol. Toute marge.

39 — Marie-Adélaïde-Clotilde-Xaviere de France, princesse de Piemont, d'ap. *Ducreux*. Petit in-fol. Très-belle ép., marge.

40 — Marie-Thérèse, princesse de Savoie, comtesse d'Artois, d'ap. *Drouais*. Petit in-fol. Très-belle ép., marge.

41 — Maréchal de Noailles. In-4. Belle ép. Toute marge.

42 — Nic. Piccini. Petit in-fol. Très-belle ép.; marge.

43 — L'abbé Rollin, d'ap. *Coypel*, in-8. Marge. Superbe ép.

44 — Torquato Tasso, in-8, d'ap. *P. Ermini*. Très-belle ép. Toute marge.

45 **Ceroni**. Colbert, des Emaux de *Petitot*. Superbe ép., avant la lettre, marge.

46 — Marie Leczinska en bistre, tiré à quinze ép. (n° 9). Superbe ép., avant la lettre, marge.

47 — Mme la marquise de Maintenon, d'ap. l'émail de *Petitot*. Magnifique ép. sur chine, avant toute lettre. grand papier. Très-rare. Tiré à cent ex. (n° 77).

48 — Mme de SÉVIGNÉ, d'ap. *Nanteuil*. Magnifique ép. sur chine avant toute lettre, grand papier, très-rare, tiré à cent ex. (n° 78).

49 **Chasteau.** J.-B. COLBERT. Petit in-fol. Superbe.

50 **Chevillet.** J.-B.-Simeon CHARDIN, peintre, d'ap. lui-même, 1771, il a des lunettes. Petit in-fol. Très-belle ép., marge.

51 — Nataniel GREENE, général américain, médaillon entouré de figures allégoriques. Petit in-fol., d'ap. *Peale*. Superbe ép. Toute marge. Petit in-fol.

52 — LE NOIR, lieut.-général de police, petit in-fol., d'ap. *Greuze*. Superbe ép. Marge vierge.

53 — L.-P. d'ORLÉANS, duc de Chartres. Très-belle ép. petit in-fol. Toute marge.

54 **Chodowiecki.** FRÉDÉRIC, roi de Prusse. Très-petit portrait. Rare.

55 **Choffart**, 1779. François VI, duc de LA ROCHE-FOUCAULD, auteur des Maximes, d'ap. l'Émail de *Petitot*. Très-belle ép., marge. Petit in-8.

56 — Frontispice avec le buste de MARISTÉ, in-8, d'ap. *Cochin*. Très-belle ép.

57 — Frontispice, les Métamorphoses d'Ovide. In-8. Très-belle ép.

58 — Fin de page. Médaillons de Ch. de Bourbon, duc de VENDÔME et sa femme, avec allégories. — Entête de page avec la médaille de César. 2 p. Superbes ép.

59 **Cochin.** Louis de BOISSY, académicien. — Statue de Louis XV, d'ap. Pigale. 2 p. Très-belles ép., in-8, marge.

60 — Eustache LESUEUR de Paris, peintre du Roy. In-fol. Très-belle ép., avant toute lettre. Rare.

61 — J.-Simeou CHARDIN, peintre. In-4. Superbe ép., par *Roulleau.* Marge vierge. Rare.

62 — CLICOT de Clerval. In-4, par *Moitte.* Superbe ép., marge.

63 — E. JEAURAT. In-4, avant les noms d'artiste. Superbe ép.

64 — LE BAS, graveur. Médaillon soutenu par des figures allégoriques. In-8. Très-belle ép.

65 — J.-B. LEMOINE, le fils, in-4, par *N. Dupuis.* Très-belle ép. Grande marge.

66 — Le prince de TURENNE, in-4, avant les noms d'artistes. Très-belle ép.

67 — LOUIS XIII, médaillon surmontant une composition où il se trouve avec Richelieu, etc. Très-grand in-8. *Eau-forte pure,* très-rare. Toute marge.

68 **Coutellier.** Joseph MENIER. Ovale in-4 en couleur. Superbe ép. Marge vierge.

69 — MICHU, de la Comédie-Italienne. Ovale en couleur. Superbe ép. Marge vierge.

70 **Crespy.** Fr.-Et. de CAULET, év. de Pamiers. In-8. Très-belle ép.

71 — LOUIS XV enfant. In-8. Très-belle.

72 — Duchesse de PARME, reine d'Espagne. Petit médaillon dans un entourage orné. In-8. Superbe ép., marge. Rare.

73 **Dandeleau.** Nicolas COPERNIC. In-4. Superbe ép., marge.

74 **Danzel**. Louis XV en Hercule, entouré de figures allégoriques et des médaillons de sa famille. Très-grand in-8, d'ap. *Fossier*. Superbe.

75 **Daret**. F. MALLIER, évêque de Troyes. — Scevole de SAINTE-MARTHE. 2 p. in-4. Très-belles ép.

76 **Daullé**. BOILEAU, in-8, d'ap. *Rigaud*. Très-belle ép., marge.

77 — Louis, duc d'Orléans, in-8, d'ap. *Coypel*. Superbe ép. Toute marge.

78 **Delacroix** (Eug.). — Martial MARCET, prêtre, lithog., d'ap. *Deveria*, d'ap. nature. In-4. Très-rare.

79 **De Launay** (R.). BENOIST XIV, en pied, in-8, d'ap. *Prévost*. Très-belle ép. — Autre, in-12, par *Le Grand*. 2 p.

80 — DAZINCOURT, acteur. In-8. Très-belle ép.

81 — DORAT, in-18, d'ap. *Denon*. Superbe ép.

82 **Delaunay** l'aîné. (N.). Bernard de BONNARD, poëte, officier d'artillerie, sous gouverneur des fils du duc d'Orléans, 1794-1784. In-8 d'ap. *Vestier*. Très-belle ép. marge.

83 — NECKER d'ap. *Duplessis*. In-4, très-belle ép. marge.

84 — J.-B. ROUSSEAU d'ap. *Aved*. — Fusée de VOISENON, d'ap. *Vigié*. 2 p. in-18, très-belles.

85 — Comte de TRESSAN. In-8 d'ap. *Borel* — Le même par *Fittler*. Très-belles ép. marge 2 p.

86 **De Longueil**. G. Moyse de FONTANIEU. In-4 d'ap. Isidore *Queverdo*. Belle ép.

87 **Delvaux**. Mme BELLAMY au bord de la Tamise. In-8, d'ap. *Dutertre*. Superbe ép. avant la lettre, toute marge.

88 — Mme de STAAL. In-12, édit. Cazin, très-belle.

89 **De Marcenay** (A.). BAYARD, superbe ép. in-8, avant toute lettre.

90 — Le même avec la lettre, très-belle ép., marge vierge.

91 — Michel de l'HOPITAL. In-8, très-belle ép. toute marge, superbe.

92 — CHARLES I. Grand in-8, eau-forte sur chine d'ap. *Van Dyck*, belle ép.

93 — Le Maréchal de SAXE. In-8, d'ap. *Liotard*. Magnifique ép. rare avec le ciel blanc, toute marge.

94 — Maximilien de Béthune, duc de SULLY. In-8, avant la lettre, superbe ép.

95 — Le même, très-belle ép. avec la lettre, marge vierge.

96 — Le président de THOU. In-8, superbe ép. avant toute lettre, marge.

97 — Le même, très-belle ép. avec la lettre, marge.

98 — Maréchal de VILLARS, in-8 d'ap. *Rigaud*, superbe ép., marge vierge.

99 **Dequevauviller**, BOSSUET, avant la lettre. — P. CORNEILLE, lettre grise, 2 p. in-8. Superbes ép. toute marge.

100 — Ducis, in-8 d'ap. *Mehu*, superbe ép. sur chine, avant la lettre.

101 — JEFFERSON, in-4, marge in-fol., très-belle.

102 **Desrochers**. J.-B. Colbert. In-8, magnifique ép. toute marge.

103 — J.-B. Colbert, marquis de Torcy. In-8; magnifique ép. toute marge, très-rare.

104 — Jacques Cujas. In-8, magnifique ép. toute marge.

105 — Dufresne du Cange. In-8, superbe ép. toute marge.

106 — Guil du Vair, évêque de Lisieux, né à Paris. In-8, magnifique ép. toute marge.

107 — Fr. Eugène de Savoie. In-8, superbe ép.

108 — J. Charlier dit Gerson, théologien. In-8, superbe.

109 — Innocent XI, pape. In-8, superbe ép. marge.

110 — Louis XV étant jeune. In-8, superbe ép. toute marge.

111 — J.-B. Lully, musicien. In-8, superbe ép.

112 — Mme de Maintenon. In-8, magnifique ép. toute marge.

113 — J.-B. Massillon, évêque de Clermont. In-8, superbe.

114 — Jules Mazarin, cardinal. In-8, superbe ép. toute marge.

115 — Blaise de Montluc, maréchal de France. In-8, superbe toute marge.

116 — Fr. de Mornay, capucin, évêque de Quebec. In-8, superbe, toute marge.

117 — L.-E. de Porto Carrero, archevêque de Tolède. In-8, magnifique ép., marge, rare.

118 — Roger de Rabutin, comte de Bussy. In-8, superbe ép., toute marge.

119 — Stanislas Leszinski, roi de Pologne. In-8, superbe ép. marge.

120 — Tavernier, voyageur. In-8, superbe ép. toute marge.

121 — F. Villette, ingénieur, né à Lyon. In-8, superbe ép. petite marge.

122 — P. de Villiers, prédicateur, né à Paris. In-8, superbe ép. petite marge.

123 — Claude de St-Georges, arch. de Lyon — J.-J. Languet de Gergy, évêque de Soissons. 2 p. in-8, superbes.

124 — P. Goudelin, toute marge. — Vincent Voiture, grande marge. 2 p. in-8, superbes ép.

125 — Olivier Patau, né à Paris, toute marge. — Fr. Pithou, né à Troyes. 2 p. in-8, superbes.

126 — J. Daillé. — F. Hedelin, abbé d'Aubignac. 2 p. in-8, superbes.

127 — J. Du Bois dit Olivier — César de Bus. 2 p. in-8, superbes ép. marge.

128 Devritz. Le Cornier de Cideville, né à Rouen. Gr. in-8 d'ap Voiriot. Tirage à cent épreuves, en bistre, toute marge.

129 Didier (Ad.). Mariano Fortuny, peintre. Belle eau-forte, in-4, marge in-fol.

130 Dien. D'Argenson. In-8, superbe ép. avant la lettre sur chine, toute marge.

131 — Boileau. In-8 d'ap. *Rigaud*, superbe ép. toute marge.

132 — Comte de Bouillé. In-8, avant la lettre, superbe ép. toute marge.

133 — Madame CAMPAN. Superbe ép., in-8; avant la lettre, grande marge.

134 — CARNOT. In-8, magnifique ép. avant toute lettre, toute marge.

135 — Angelica CATALANI, d'ap. *Singry*. Ovale in-4, avant la lettre — la même, lettre grise; 2 p., très-belles ép.

136 **Dien** (M. F.). Alexandre DUMAS. Grand in-8, d'ap. Giraud. Magnifique ép. sur chine. toute marge.

137 — Marquis de FERRIÈRES. In-8, superbe ép. lettre grise, sur chine.

138 — Comte de GUITAUD. In-8, lettre à un trait, superbe ép., marge.

139 **Drevet**. Jean Issaly, conseiller. In-4 d'ap. N. de *Largillière*, superbe ép.

140 **Duclos**. Frontispice de la Bibliothèque des artistes et des amateurs : Le buste de LOUIS XV couronné par Apollon et une Muse. Grand in-8, d'après *Gravelot*, superbe ép. toute marge.

141 **Duflos**. J. Fr. de Gondy, archev. de Paris. Gr. in-4, superbe ép. marge.

142 — Albert de GONDY. — Charles de Gondy, par *L. Moreau*. 2 p. grand in-8, très-belles ép.

143 — De Lisle de SALES : le Philosophe de la nature. In-8, d'ap. *Borel*. Très-belle ép. marge.

144 — J. B. LANGUET de Gergy, prêtre. In-8, très-belle ép. marge.

145 — Honorat de Buel, marquis de Racan. Superbe ép. très-grande marge. Le même par *Desrochers*, 2 p. in-8.

146 **Duhamel.** M.-J.-L. de Savoie, comtesse de Provence. Grand in-8 d'ap. *Queverdo*, toute marge.

147 **Dupin.** Dorat. Grand in-8, superbe ép., marge vierge.

148 — J. de Lalande. Grand in-8 d'ap. Pujos, superbe ép. toute marge.

149 — Ant. Louis, chirurgien. Grand in-8. — Marmontel. In-12, 2 p. très-belles ép.

150 — Voisenon. Grand in-8. — Autre in-18. 2 p. très-belles, marge.

151 **Duplessis-Bertaux,** Apothéose de Louis XVI. In-4, eau-forte pure, toute marge.

152 — L.-J.-B.-E. Vigée, Poëte. In-4, d'après *Rivière*, superbe ép. toute marge, rare.

153 **Duponchelle.** Marie Leczinska, d'ap. *Nattier*. Joli portrait, Grand in-8, avec armoiries, superbe ép. toute marge.

154 **Dyck** (d'ap. V.) Albert d'Aremberg, par *Bolswert*. — Palamedes. — F.-Th. de Savoie, par *Pontius*. 3 p. grand in-4. Très-belles ép. Sans marge.

155 **École anglaise.** Miss Everbright et autre. 2 p. manière noire, très-belles ép.

156 **Édelinck.** Ferdinand, évêque de Paderborn. In-4, très-belle ép. (R. D. 202).

157 — Regnier de Graaf, médecin hollandais (R. D. 219). Très-belle ép. in-8.

158 — LOUIS XIV. Frontispice du dictionnaire de l'Académie (R. D. 255). 1er état, collection Calamata.

159 — (G.). Pierre de MARCA, archevêque de Toulouse et de Paris (269). Grand in-4, superbe ép. toute marge.

160 — Le cardinal d'OSSAT. Grand in-4, superbe.

161 — PIERRE second, roi de Portugal. In-4, très-belle ép. (R. D. 296).

162 — SAINT-ÉVREMONT. In-8, très-belle ép. (306), sans marge.

163 **Edelinck** (J.). Casparus BARTHOLINUS, professeur d'anatomie. In-8, belle ép.

164 **Édelinck** (N.), A. HOUDART de la Motte. In-4, très-belle ép. marge.

165 **Esnault et Rapilly** (chez). LOUIS XV. — PRÉVILLE. 2 p. grand in-8, marge.

166 **Ethiou.** BOUFFLERS. In-8, lettre grise, sur chine, superbe ép. marge.

167 — DESAIX. — MASSENA. 2 p. in-8, magnifiques ép. avant la lettre sur chine toute marge.

168 **Éthiou** (Adèle) 1833. Marquis de MIRABEAU, auteur de l'Ami des hommes — Son fils MIRABEAU, l'orateur. 2 portraits in-8, superbes ép. avant la lettre, toute marge.

169 **Fessard.** Médaillon de MARIE-THÉRÈSE, sur un obélisque, entouré de figures allégoriques. Petit in-fol., superbe ép.

170 **Ficquet.** Lodovico ARIOSTO. In-8, d'ap. *Titien*, avec la large bordure. Superbe ép., grande marge.

171 — CORNEILLE (P.). In-8, d'ap. *C. Le Brun*. Belle ép. Toute marge.

172 — CREBILLON, d'ap. *Aved*, in-8. Très-belle ép. Marge.

173 — MURET. In-8. Superbe ép. Rare.

174 — REGNARD. In-8, d'ap. *Rigaud*, Très-belle ép. Marge.

175 — J.-J. ROUSSEAU, d'ap. *de La Tour*. Très-belle ép., in-8. Marge.

176 — BERGHEM, peintre. In-8, toute marge. Superbe.

177 — BERNOUILLY (Jean). In-8, toute marge. Superbe.

178 — G.-A. de CHAULIEU. In-8, toute marge. Superbe.

179 — FAGON, médecin du roi. In-8. Superbe.

180 — H. de Lorraine, comte d'HARCOURT. In-8. Superbe.

181 — P. MIGNARD, peintre. In-8. Superbe, toute marge.

182 — Mme de MIRAMION. In-8. Superbe.

183 — A. d'OSSAT, cardinal. In-8, marge. Superbe.

184 — L'abbé PRÉVOST, auteur de Manon Lescaut. In-8. Très-belle ép. Sans marge.

185 — H. RIGAUD, peintre. In-8, marge. Superbe.

186 — LANFRANC, chirurgien. — J.-B. SILVA, médecin. 2 p. in-8, marge. Superbes.

187 — Alex. Farnese. — Bernard de Saxe. — Ch. Frédéric III. 3 p. in-8, toute marge. Superbe

188 — J. Balue, cardinal. — N. Bernier, musicien. 3
— A. de Chabannes. — Le Courayer. — René
Pucelle. 5 p. in-8. Très-belle ép.

189 — Célébrités diverses. In-8. Très-belles ép. 1 , 50
7 p.

190 **Fiesinger**. Lefevre, maréchal. Ovale petit 1
in-fol. Très-belle ép. Marge.

191 **Folkema**. J. de La Bruyère. In-8. Superbe 3
ép.

192 — Voltaire. In-8 (M. Devoltairre). Très-belle. 4

193 **Flameng**. Rachel, en pied, avant la lettre. 2 , 50
Petit in-fol. Toute marge.

194 **Flipart**, 1762. Madame Favart. Très-belle ép. 16
in-8. Joli portrait, d'ap. *Cochin*, avec quatre vers
au bas.

195 **Fontaine**. Ida Saint-Edme. La Contemporaine. 3 , 50
In-8. Superbe ép., avant la lettre, sur chine.
Toute marge.

196 **Fragonard** (Honoré). Son Portrait dans un
rond entouré de feuillages. En bas, une tête de
Satyre soutient la tablette qui porte son nom;
dans la marge à gauche, *C. Le Carpentier fecit
aqua forti*. Superbe ép. in-8. Rare.

La manière de faire de cette pièce est tellement identique
à celle des bas-reliefs de Fragonard, que l'on pense qu'elle
est de lui, malgré le nom de son Élève.

197 **François**. Louis XV, roi de France. Beau por- 6 , 50
trait à la manière du crayon. Petit in-fol. Sanguine. Très-belle ép.

198 **Fritschius**. J. de Lalande. In-8, d'ap. *Pujos*. 2
Charmant portrait d'une grande finesse.

2

199 L. G. Duchesse de LA VALLIÈRE. — Marquise
de MONTESPAN. 2 manière noire petit in-4. Très-
belles ép.

200 **Garavaglia**. BOCCACE. Ovale grand in-8, avant
la lettre.

201 **Gaucher**. Baïf. — Remy Belleau. — Desportes.
— Du Bellay. — Mellin de Saint-Galais. — Ron-
sard. — G. de Sainte-Marthe. 8 p. in-12. Très-
belles ép., la plupart avec marge.

202 — Comtesse d'ARTOIS. Frontispice. Invitation
aux Grâces. In-12. rare.

203 — St. J. de BOUFFLERS, de l'Institut. In-8. Très-
belle ép., toute marge.

204 — Ch. de Bourbon, duc de VENDÔME. In-4.
Belle ép.

205 — BUFFON. In-12, d'ap. *Drouais*. Très-belle.

206 — CERVANTES. In-8. Très-belle ép., avant le
nom. Sur la banderole, toute marge.

207 — J.-P.-Aug. CAMBEFORT, commandant à Saint-
Domingue. In-8. Très-belle ép. Rare.

208 — CHAPELLE. In-12. Très-belle ép.

209 — DIDEROT, d'ap. *Greuze*. In-8. Magnifique ép.,
avant la lettre, la tablette blanche. Marge, in-4
de la plus belle condition.

210 — J. DUSAULX, membre de l'Institut national.
Ovale in-8, avant la lettre. Magnifique ép., marge
vierge. Très-rare.

211 — Le même avec la lettre. Marge vierge, in-4.
Superbe ép.

212 — FÉNELON. In-8, d'ap. *Vivien*. Superbe ép.

213 — P.-L. GÉRARD. In-8, d'ap. *Jauffret*. Superbe.

214 — GUSTAVE III, d'ap. *Lafrensen*. Très-grand in-8. Très-belle ép.

215 — Ch.-J.-Fr. HENAULT, académicien. In-4, d'ap. *Cochin*. Superbe ép., marge vierge.

216 — KOTZEBUE. Ovale in-12. Très-belle ép.

217 — Jean-Benjamin LA BORDE, auteur des Chansons. Petit ovale, d'ap. *Du Rameau*. Superbe ép. Rare. (Voir n° 313 celui de *Masquelier* à la lyre.

218 — LA FONTAINE. Très-petit ovale in-32, marge, in-12. Très-belle ép.

219 — LOUIS-AUGUSTE, dauphin de France. Médaillon entouré de roses et de lys. In-fol. Très-belle ép., collée.

220 — La Moignon MALESHERBES. in-8. Superbe ép., toute marge.

221 — LA TOUR D'AUVERGNE, d'ap. le buste de Corbet. In-8. Très-belle ép., toute marge.

222 — LE BAS, graveur. Charmant petit portrait in-8, d'ap. *Cochin*. Très-belle ép. (Frontispice).

223 — Ch. LE NORMANT du Coudray. Petit in-4, d'ap. *Le Bel*. Très-belle ép., remargé à claire-voie.

224 — MARMONTEL, historiographe de France. In-8. Très-belle ép., toute marge.

225 — MÉTASTASE, poëte. In-8, d'ap. *Steiner*. Très-belle ép., toute marge.

226 — RACINE. In-8, d'ap. *Santerre*. Superbe ép., avant la lettre, la tablette ombrée. Toute marge.

227 — 1763. Jean-Jacques ROUSSEAU. In-4. Très-belle ép., marge.

228 — J.-P.-André de Saint-Marc. In-8, d'après Danloux. Superbe ép., marge.

229 **Gaultier** (Léonard). Jacques Amyot. In-4. Très-belle ép.

230 — 1617. Stéph. Paschasius. In-8. Très-belle ép.

231 **Geoffroy.** La Fontaine. In-8. Superbe ép., avant la lettre, toute marge.

232 — Charles Ier. — N. Poussin. 2 p. in-8. Superbes ép., avant la lettre, toute marge, in-4.

233 — Barnave. — Philippe égalité. — Vergniaud. 3 p. in-8. Superbes ép. sur chine, toute marge, in-4.

234 — Whashington. In-8, avant la lettre, blanc et chine. 2 p. Superbes, toute marge.

235 **Giffart,** 1683. Louis le Grand. Petit in-4. Très-belle ép.

236 — Louis XV, enfant. In-8. Très-belle ép.

237 **Goltzius.** N.-P. Van Deventer, géographe. Superbe.

238 **Grandhomme.** J. Jacob Gryné, théologien. In-8. Magnifique ép.

239 **Grateloup** (J.-B.). J.-B. Bossuet, à mi-corps. In-8, d'ap. Rigaud. Magnifique ép. du chef-d'œuvre de l'artiste, marge.

240 — J. Dryden. In-12, d'ap. Kneller. Superbe ép. sur chine, marge.

241 — Montesquieu, In-12, d'ap. Dassier. Magnifique ép., marge vierge.

242 — Polignac, cardinal. Petit ovale in-12, d'ap. Rigaud. Magnifique ép., marge vierge.

243 — J.-B. Rousseau. In-12, d'ap. Aved. Superbe ép. sur chine, marge.

244 **Henriquez.** S. Sébastien Mercier, académicien, d'ap. *Pujos.* — Le même, par *Geraut*, avant la lettre. 2 p. in-8. Superbes ép.

245 **Hopwood.** Lord Byron. In-8. — Kleber in-12 sur chine, avant toute lettre. 2 p. Superbes, toute marge.

246 — J.-L. Rousseau. Ovale orné in-8. Superbe ép. avant la lettre, sur chine. Petit in-fol.

247 **Houbraken,** 1774. Buffon. In-4, d'ap. *Drouais.* Superbe ép., marge.

248 — Cardinal Fleury soutenu par Diogène. Très-belle ép. in-4.

249 **Hubert.** E.-C. Farron. Grand in-8, d'après *Cochin.* Superbe ép., marge,

250 **Ingouf,** *major.* De Mairan. In-4. Très-belle ép.

251 **Ingouf,** *le jeune.* Sartine, lieut. général de Police. In-12. Charmant portrait. Très-belle ép.

252 **Isabey,** 1819, Sophie Gail, lithog. in-4. Très-belle ép.

253 **Isselburg.** Jean Casimir, duc de Saxe, petit in-fol. Superbe.

254 **Jacquemin.** André Chénier, in-8 avant la lettre, d'ap. le portrait de *Suvé.* Superbe ép., toute marge.

255 **Jode** (P. de). Mazarin. — Maximilien. 2 p., petit in-4. Très-belles ép.

256 **Johannot** (Tony). Mme de la Sablière, in-8. Superbe ép., in-8, avant la lettre, grande marge.

257 **Joubert**. Napoléon, consul. — Larochejac-
quelin. 2 p. in-8, ép. d'artistes chine, marge
in-4.

258 **Joullain**. Ch. Rivierre DU FRESNY, in-8, d'ap.
Coypel. Très-belle ép.

259 **Kilian**. GUILLAUME, évêque, entouré de figures
allégoriques, petit in-fol. Superbe.

260 **Klauber**. Brissot. — Necker. — L. P. J., duc
d'Orléans. 3 p. in-4. Très-belles ép.

261 **Kohl**. Karl Ludwig d'Autriche, duc de Brauns-
chweig. 2 p. in-8. Superbes ép.

262 — Gellert. — Sophie Korner. — Tombe de
Léopold II. 3 p. Très-belles.

263 **Kolb**. Le duc de REICHTAD. Grand in-4, manière noire, d'ap. Duffinger. Magnifique ép.,
marge, superbe portrait.

264 **Langlois**. Catherine FONTAINE. In-8, d'ap.
Boiteau. Très-belles ép. rare.

265 **Langlois** (J.). Mᵐᵉ CROZAT, in-8. Titre du traité
de géographie.

266 **Langlois** (P. G.). Marquise du CHATELET, in-8,
d'ap. Loir. Très-belle ép.

267 **Larmessin**, 1681. Marie-Angelique d'Esco-
railles, duchesse de FONTANGES, in-4. Superbe.

268 — Philippe de Bourbon, duc d'ORLÉANS. —
Anne-Marie-Louise d'ORLÉANS. 2 p. in-4.
Superbes.

269 **Laugier**. CHATEAUBRIAND, in-8, d'ap. Girodet.
Très-belle ép., avant la lettre, toute marge.

270 **Le Beau**. Gabrielle d'ESTRÉES, grand in-8.
Belle ép.

271 — Hue de Miromenil, grand in-8. Très-belle ep., marge.

272 — Mme Louise Marie de France, carmelite, in-8, d'ap. *Queverdo*. Très-belle ép., marge.

273 — Platon, avant toute lettre, in-8. Très-rare.

274 — Madame la marquise de Pompadour, en nymphe, d'ap. *Queverdo*, in-8, marge in-4. Très-belle.

275 — L. F. J., prince de Conti, toute marge. — Necker. — L. P. d'Orleans, toute marge. 3 p. grand in-8. Très-belles ép.

276 — Bossuet. — Fénelon. 2 p. grand in-8. Superbes ép., grandes marges.

277 — Clément XIV, pape. — Pie VI, pape. — Cardinal de Richelieu. 3 p. grand in-8. Très-belles ép.

278 — Algernon Sidney, avant et avec la lettre. — Goldoni. — Hobbes. — Locke. — Raynal. 6 p. in-8.

279 — Boileau. — Gilbert. — La Harpe. — Montagne. — Montesquieu. 5 p. in-8. Très-belles ép.

280 — Bayard. — Maurice de Saxe. — Sully. 3 p. grand in-8, grandes marges. Très-belles ép.

281 — Turenne. — Villars. 2 p. in-8. Belles ép.

282 — Clément de Saxe. — Ferdinand IV. — Frédéric Guillaume. — Joseph II. 4 p. grand in-8. Très-belles.

283 — Lafayette-Washington, 3 p. in-8. Très-belles.

284 **Le Clerc** (S.). Monument funèbre de Claude BERBIER du Metz. — Pierre tombale. 2 p. petit in-fol. Très-belles ép.

285 — Step. POTIER d'Anhancourt, 1685, rond, in-8. Superbe. marge.

286 **Le Comte**, 1819. Henri GRÉGOIRE, évêque, député. Ovale in-4. Superbe ép., toute marge.

287 **Legnay** (Eug.). 1864. Ch. Paul de Kock, grand in-8, sur chine, marge in-fol. Superbe.

288 **Le Mire** (N.). JEANNE D'ARC, d'après un ancien tableau de la ville d'Orléans, in-8. Superbe ép., marge.

289 — Louis XVI regardant le portrait d'Henri IV. Allez, vous êtes maintenant digne de marcher sur ses pas, in-8, d'ap. *Cochin*.

290 — Louis XVI, in-8, d'ap. *Duplessis*.

291 — Louis XVI, in-4, d'ap. *Duplessis*, Très-belle ép., marge.

292 — POULLAIN de Saint-Foix, in-8, d'ap. *Pougin de Saint-Aubin*, avant l'adresse. — La même adresse Vᵉ Duchesne. 2 p. Superbes ép., toute marge.

293 **Lenfant**. Jacques DANES, évêque de Toulon, in-8. Très-belle ép.

294 **Lepicié**. Antoine WATTEAU à mi-corps dans son atelier, d'ap. lui-même, in-4. Très-belle ép.

295 **Levachez**. Bonnier. — Chaumette. — Charlotte Corday. — Debry. — Henriot. — Marceau. — Roberjot. 7 p. in-fol., avec vignettes de *Duplessis Bertaux* et texte.

296 **Levasseur.** POTHIER. — RESTOUT. 2 p. in-4;
avant toute lettre dont un toute marge. Très-
belles ép.

297 **Lévy.** J.-B. COLBERT, in-8, ép. d'artiste avec
dédicace signée. Superbe ép. toute marge.

298 **Lignon.** FRÉDÉRIC GUILLAUME étant jeune.
Petit in-fol., d'ap. *Steuben.* Superbe ép. avant la
lettre toute marge.

299 **Lingée.** Ch.-P. COLARDEAU, in-4, d'ap. *Trin-
quesse,* sanguine. Très-belle ép.

300 — L.-A. PELLETIER, peintre, in-8. Très-belle ép.
Très-rare.

301 — Antoine PETIT, in-4, d'ap. *Cochin.* Très-belle
ép. Sans marge.

302 **Lips.** Charlotte CORDAY, in-8, d'ap. *Brea,*
ovale. Superbe ép., toute marge, très-rare.

303 — Boissy d'Anglas. — Chenier (M.-J.). —
Lanjuinais. — Sieyes. 4 p. ovales in-8. Superbes
ép., marge.

304 **Littret.** Hip. CLAIRON de la tude. Médaille et
son revers, in-8. Très-belle ép.

305 — FAVART, auteur comique, in-8, d'ap. *Liotard.*
Superbe ép., marge.

306 **Lombart.** Comtesses de Canaruaen. — De
Carlile. — Herbert. — Middlesex. — De
Sunderland. 5 p. petit in-fol., d'ap. *Van Dyck.*
Magnifiques ép.

307 **Lomelin.** LÉOPOLD WILHELM, archiduc, entouré
de figures allégoriques, petit in-fol., d'ap.
Sallart. Très-belle ép.

308 **Maillet**. MILLER, directeur du jardin de Botanique de Chelsea. Très-grand in-8. Superbe toute marge.

309 **Malbeste**. Napoléon Ier, en costume du sacré, dans l'entourage, d'ap. *Percier*, in-fol, avant la lettre. Très-belle ép.

310 **Mariage**. Louis, duc de SAINT-SIMON, auteur des Mémoires, in-8, d'ap. *Vanloo*. Superbe ép. toute marge, très-rare. C'est l'original de tous les autres portraits.

311 **Martini**. Ch.-Ph. comte d'ARTOIS, in-8, d'ap. *Fredou*. Superbe ép. marge, très-rare.

312 **Massol**. Charlotte CORDAY, au-bas l'assassinat, in-8, d'ap. *Queverdo*. Belle ép,

313 **Masquelier**. JEAN-BENJAMIN **De Laborde**, premier valet de chambre du roi, et gouverneur du Louvre, célèbre auteur des chansons. Médaillon dans une lire, in-8, d'ap. *Denon*. Magnifique ép, marge vierge, avant la date de 1774. De la plus belle condition et de la plus grande fraicheur. Extrêmement rare.

(Voir n° 639 celui par *Moreau* le jeune).

314 — Portrait de Madame **De Laborde**. Tableau sur un chevalet, la même en Vénus et l'Amour, grand tableau au fond. Vignette tirée des chansons. *Pour la dernière fois*, etc., en bas. Superbe ép. in-8, marge.

315 — Coadjuteur de GRIGNAN. Superbe ép., avant la lettre marge.

316 — Louis XVIII, petit rond. Très-belle ép., toute marge, très-rare.

317 — Médailles de Henri IV à Louis XV. 2 p. in-
fol., *eau-forte pure*.

318 **Massard**. Antoine ARNAULD, in-4. Superbe,
toute marge.

319 **Masson** (Ant.). Madame HELYOT, in-8. Belle
ép.

320 **Mechel** (Ch. de). MARIE-Th.-Ch. de France, fille
de Louis XVI, en couleur. Grand in-4. Superbe
ép., marge.

321 — CHARLES-LOUIS, archiduc d'Autriche. Grand
in-4 en couleur. Superbe ép., marge.

322 **Mecou**. Mᵐᵉ de MAINTENON, in-8, d'ap. *de Troy*.
Très-belle ép. Toute marge.

323 **Mellan**. Frescobald. — Gassendi. — Femme
de Cl. de Marolles. — A. Maria Vaiani. 4 p. in-8.
Très-belles ép.

324 **Miger**. PERIGNON (H.-J.), in-8, d'ap. *Cochin*,
1781. Superbe ép., marge.

325 **Morcornet**. Gaston d'Orléans. — Ant. de
Grammont. 2 p. in-4, octogones, Superbes.

326 — Charles II. — Henri IV. — Larochefoucauld.
Mallier. — Comte d'Ossone. — Mazarin. — Tau
padel. — Themines. — W. Wilhelm. 9 p. ovales
in-8. Très-belles ép.

327 **Moindhare** (Chez). G.-F. comte de ROCHAMBEAU,
commandant l'armée française en Amérique.
Grand in-8. Superbe ép., marge. In-4. Extrêmement rare.

328 **Monsaldi**. MARIE-LOUISE. — Ovale. Très-grand
in-8 en couleur, d'après *Isabey*. Toute marge.

329 **Mouzies**. Maréchal Duroc, duc de Frioul, à cheval, eau-forte petit in-fol., d'ap. *Meissonnier*. Très-belle ép. Toute marge.

330 **Morse**. Louis XVI. In-8. Magnifique ép. d'artiste sur chine. Toute marge.

331 **Moyreau**, L.-G. Fleuriau d'Armenonville et N.-J. de Paris, coadjuteur d'Orléans. In-4. Superbe ép. Très-rare.

332 **Muller**. Mme Necker, baronne de Staël. In 8. Lettre grise superbe. Toute marge.

333 **Nanteuil**. J. marquis de Castelnau, maréchal de France (58). Très-belle ép.

334 — Jean Loret, poëte (150). Superbe ép.

335 — Pierre de Marivat, in-8 (168). Très-belle ép., marge.

336 — Edouard Molé, président (193). Très-belle.

337 **Nicollet**. L'abbé Desmonceaux, savant. Grand in-8, d'ap. *Le Sueur*. Superbe ép. Marge vierge.

338 **Nilson**. Louis XV, entouré de figures allégoriques. In-8. Très-belle ép.

339 **Odieuvre** (Suite d'). Louis I, prince de Condé. In-8. Magnifique ép., avant toute lettre, marge.

340 — Corelli, musicien. In-8. Superbe ép., avant toute lettre.

341 — Comtesse d'Aulnoi. In-8. Superbe. Marge.

342 — Louis, duc de Bourgogne. In-8. Très-belle ép., marge.

343 — J.-B. Colbert. In-8. Superbe ép., marge.

344 — P. Cotton, jésuite, confesseur d'Henri IV. In-8. Superbe. Marge.

345 — De GRÉCOURT, poête. In-8. Superbe. Toute marge.

346 — J. de LA BRUYÈRE, académicien. In-8. Toute marge.

347 — LA CHAISE, jésuite, confesseur du roi. In-8.

348 — Duchesse de LA VALLIÈRE. In-8. Très-belle. Marge.

349 — Duchesse de LONGUEVILLE. In-8. Très-belle ép.

350 — Marquise de MONTESPAN. In-8. Très-belle.

351 — Philippe, duc d'ORLÉANS. In-8. Superbe. Marge.

352 — Cardinal de POLIGNAC. In-8. Très-belle ép. Marge.

353 — R. de Rabutin, comte de Bussy. In-8. Très-belle.

354 — J.-F.-P. de Gondi, cardinal de RETZ. In-8. Très-belle ép., marge.

355 — G. Audran. Marge. — Lebrun. — Warin. 3 p. in-8. Très-belles ép.

356 — Michel Baron. — Marchand, organiste. 2 p. in-8. Très-belles ép., marge.

357 — Cardinal de Bouillon. — Quesnel. — Quirini, cardinal. — Abbé de Rancé. 4 p. in-8. Très-belles ép.

358 — L. de Bourbon Vermandois. — Crillon. — Noailles. — Gaston d'Orléans. 6 p. in-8. Très-belles.

359 — Descartes. — Locke. — Quinault. — J.-B. Rousseau. 5 p. in-8. Très-belles ép.

360. — A. Baillet. — Ch.-J. Colbert, évêque de Montpellier, né à Paris. 2 p. in-8. Marge. Superbes.

361 **Pannier.** Corneille. Ovale in-4. Eau-forte pure. — Le même, terminé par Leguay. 2 magnifiques ép.

362 — J.-B. de Belloy, cardinal-archevêque de Paris. In-4 sur chine. Très-belle ép. Grande marge.

363 — Marie Stuart, âgée de 38 ans, in-4, d'après un portrait du temps sur bois, dans la collection du prince Al. Labanoff. Superbe ép. sur chine, avant la lettre, Marge in-fol.

364 — Raphaël. In-4, avant la lettre. Superbe ép. sur chine. Marge in-fol.

365 — Rembrandt. In-4, avant la lettre, sur chine. Superbe ép. Marge in-fol.

366 — M. Thiers, ovale in-8, d'après Mme de Mirbel. Superbe ép., avant la lettre. Tirage petit in-fol.

367 **Pariset.** L. Du Puy, secrétaire de l'Académie, in-4, d'ap. Pujos. Très-belle ép.

368 **Paroy** (Comte de). Mme Vigée Le Brun. Petit portrait coupé à l'ovale. In-8. Rare.

369 **Pas** (Sim. de). Ph. comte de Hohenloo. Rond petit in-4. Superbe ép., marge.

370 **Pasch.** Paul Petrowitz, grand duc de Russie. Petit in-fol. Superbe ép. Toute marge.

371 — Alexandre, comte de Strogonoff, in-4, d'ap. Cochin. Belle ép. Rare.

372 **Pelée.** E.-T.-A. Hoffman. In-8. Belle.

373. **Petit**, Mme Du Boccage. In-8. Superbe. 3

374. — Adrienne Le Couvreur, ovale in-fol. en rouge, 10
d'ap. *Coypel*. Superbe.

375. — Ninon de l'Enclos. In-8. Toute marge. Très-
belle. 5

376. — Mme de Sévigné. In-8. Toute marge. 6.50
Superbe.

377. **Philips**. Gérard de Lairesse, peintre. In-4. 1.50
Superbe. Collect. de Triquetti.

378. **Picart** (B.). Le Régent : Médaillon soutenu par 12
Apollon et Minerve, in-fol. en travers, d'ap.
Coypel. Superbe ép. Marge vierge.

379. — Rogerius de Piles, amateur. Petit in-fol. 2.50
Très-belle ép. Grande marge.

380. — Dom Louis, prince des Asturies, étant jeune, 1.50
in-8, d'ap. *Viali*, 1718. Très-belle ép.

381. **Pitau**. A. Bourdoise. In-8. Très-belle. 2.50

382. **Pontius**. M. Amb. Capellus, évêque d'Anvers. 1
Petit in-fol. Très-belle ép.

383. — Jean de Heem d'Utrecht, grand in-4, d'ap. J. 1
Lyvyus. Très-belle ép. Sans marge.

384. **Porreau** (Jules). Aimé Martin. In-8. Ép. d'ar- 3
tiste en bistre, sur chine. Marge in-fol.

385. — Bertrand de Molleville. In-8. Ép. d'artiste 1.50
en bistre, sur chine. Marge in-fol.

386. — L. Davin en pied. Ép. d'artiste en bistre. 2
Petit in-fol.

387. — Le même. Ép. d'artiste sur chine. Petit in- 1.50
fol.

388. — Comte de Genlis. In-8. Très-rare. Ép. d'eau- 2.50
forte pure.

389 — Mme de GENLIS. Petit in-4, avant toute lettre, sur chine blanchi, sur papier blanc teinté. Marge in-fol.

390 — JOSÉPHINE. Eau-forte pure. — La même, terminée. 2 p. in-8. Superbes.

391 — Mlle de LA VALLIÈRE. In-8. Ép. d'artiste ou bistre. Toute marge.

392 — Mlle de LA VALLIÈRE. In-8. Ép. d'artiste sur chine, en bistre. Marge in-fol.

393 — Mlle LENORMANT. In-8. Eau-forte pure. — La même, terminée, avant la lettre. 2 p. Toute marge.

394 — MARAT à la tribune. Petit in-4 en bistre, avant toute lettre. Marge in-fol.

395 — TURGOT en pied, en bistre. Ép. d'artiste. Petit in-fol.

396. **Posselwhite**. Abbé de l'ÉPÉE. — L'HOPITAL, par *Woodman*. 2 p. petit in-4, sur chine. Très-belles ép., marge in-fol.

397 **Prevost**. LOUIS XV, d'ap. *Cochin*, in-8, profil. Médaillon entouré de roses. Très-belle ép.

398 — CHARLES V, le Sage, au-dessus d'une composition allégorique. In-4. Superbe ép., marge.

399 — Le Médaillon de Sébastien LE CLERC, supporté par des figures allégoriques. Frontispice. In-8. Superbe ép. Toute marge.

400 — ADAM SMITH, né à Kirkaldi, 1723, mort à Edimbourg, âgé de 67 ans. In-8. Superbe.

401 **Quenedey**. Anacharsis CLOOTS, orateur du genre humain. Ovale in-8. Superbe, rare, marge.

402 — Mⁿᵉ de GENLIS. Petit rond.....   3

403 — Marquis de LAFAYETTE. Petit rond.   7

404 — Gaspard Monge. Ovale in-4, marge.   4.50

405 **Regnault**. Assomption de la Vierge. Petit in-8,   7
d'ap. *Murillo*. Ép. d'artiste sur chine, marge
in-fol. Rare.

406 — J. HETZELL. Petit in-8. Ép. d'artiste en bistre,   9
marge in-fol. Très-rare.

407 — Marie-Anne-Élisa de LAMARTINE. Grand in-4,   1.50
Ép. d'artiste, toute marge.

408 — La même. Ép. d'artiste sur chine, toute   2.50
marge.

409 — E. MEISSONIER. In-12. Superbe ép., ayant   7
toute lettre, sur chine, marge, avant le cuivre
coupé.

410 — E. MEISSONIER. In-12. Très-belle ép., marge   2
petit in-fol.

411 **Reynolds**. BÉRANGER. In-4, d'après *Scheffer*.   2 0
Superbe ép. d'artiste, marge vierge.

412 — De BÉRANGER, d'ap. *Scheffer*. In-8, manière   5
noire. Superbe ép., marge.

413 **Ribault**. MARIE-LOUISE, impératrice. In-fol.,   4.50
d'ap. *Bosio*. Superbe ép., avant la lettre.

414 **Richomme**. LOUIS XVIII. In-4, d'ap. *Gounod*.   1
Très-belle ép., toute marge.

415 **Ridé**. Ant. Nic. Desallier d'ARGENVILLE. In-8,   2
d'ap. *Veyler*. Très-belle ép.

416 **Roger**. J. DELILLE. Ovale in-8, lettre grise.   6
Superbe.

417 — MARIE-ANTOINETTE. — Le prince de CONDÉ.   1
2 ovales in-8, lettre grise.

418 **Romanet**. GARRICK. — R. NANTEUIL. 2 p. in-8. Très-belles ép.

419 **Roode** (DE). BOURNONVILLE. Grand in-8. Belle.

420 **Saint-Aubin**. BUFFON. Médaillon sur un obélisque. In-4. Superbe ép., toute marge.

421 — BLANCHARD, maître de musique. In-4, d'ap. *Cochin*. Superbe ép., marge.

422 — COLBERT. In-8, lettre grise. Superbe.

423 — CONDORCET. In-4, d'ap. *Lemort*. Superbe.

424 — Guil. COUSTOU, sculpteur. In-4, d'ap. *Cochin*. Superbe ép., marge.

425 — DORAT. In-8, d'ap. *Denon*. Superbe.

426 — GLUCK. Joli petit Portrait in-8. Médaillon entouré de chênes et de lauriers. Superbe ép., marge in-4. Rare.

427 — JELIOTE, de l'Académie de musique. In-4, d'ap. *Cochin*. Très-belle ép.

428 — Guil. LE BLOND, maître de matémathiques. In-4, d'ap. *Cochin*. Superbe.

429 — LOUIS XVI. Médaillon sur un obélisque, in-4. Superbe.

430 — MARMONTEL. In-8, d'ap. *Cochin*. — MASSILLON. Lettre grise, in-12, toute marge. 2 p. Superbes.

431 — Fr.-René MOLÉ, comédien français. In-4, d'ap. *Aubry*. Superbe ép., marge.

432 — NECKER. In-4, d'ap. *Duplessis*. 1er état avec la double bordure. Superbe ép.

433 — PASCAL. In-12, *eau-forte pure*. Très-rare, toute marge. Superbe.

434 — De PARCIEUX. In-4, d'ap. *Cochin*. Rare ép., avant toute lettre. Très-belle.

435 — Joseph PELLERIN, amateur de médailles. In-4. Magnifique ép., marge.

436 — Duc de PENTHIÈVRE, à mi-corps. In-fol. Très-rare ép. d'*eau-forte pure.*

437 — Danican PHILIDOR. In-4, d'ap. *Cochin.* Très-belle.

438 — J.-Ch.-Ph. TRUDAINE. In-4,- d'ap. *Cochin.* Superbe.

439 — P.-H. de VALENCIENNES. In-8, d'ap. *Moreau.* Superbe ép., toute marge.

440 — Voltaire, Labeaumelle, Freron, titre du commentaire sur la Henriade. Superbe ép., avant la bordure effacée.

441 — Édouard Young. In-8, d'ap. *G. de Saint-Aubin.* Superbe.

442 **Sandrart.** J.-E. comte d'OTTINGEN. In-4. Superbe.

443 **Savart,** 1774. Pierre BAYLE. In-8. Superbe.

444 — Cardinal de BERNIS. Superbe ép. in-8, marge.

445 — BOILEAU. Barrière Fond-Taraby. Superbe ép. in-8.

446 — BOSSUET. In-8. Superbe ép., marge.

447 — BUFFON. In-8, d'après *Drouais,* Très-belle ép., marge.

448 — CATINAT. In-8, au-dessus de la Bataille de Marsaille. Très-belle ép., marge.

449 — COLBERT. In-8, adresse Barrière de Fontarabie. Très-belle ép.

450 — LA BRUYÈRE (1768). In-8. Très-belle.

451 — LA BRUYÈRE (1778). Superbe ép., grande marge.

452 — LOUIS XIV. In-8. Très-belle ép.

453 — LE TASSE, In-8, avant l'adresse. Très-belle ép., marge.

454 **Schiavonetti**. L.-Ant. duc d'ANGOULÊME. Grand in-8. Médaillon rayonnant, d'ap. *Danloux*. Très-belle.

455 **Schleich**. ROBESPIERRE. Ovale in-8. Superbe, toute marge, rare.

456 **Schmidt** (G.-F.). De LAMETTRIE (Offray) ad vivum. Petit in-fol. Superbe ép., rare.

457 **Schuppen** (Van). Catherine Germain, v⁰ de Simon BERTHELOT, commissaire des Poudres de Picardie, Artois, etc. Très-belle ép. petit in-fol., marge.

458 — LOUIS XIV. L'invincible Monarque. In-8, d'ap. *Lefèvre*.

459 — Louis de PONTIS. In-8, d'ap. *Champagne*. Très-belle ép., sans marge.

460 — Gaspardus THAUMASIUS. In-4. Très-belle ép.

461 **Sergent**. JEANNE D'ARC. Ovale in 4, en couleur. Superbe ép., marge.

462 — Maréchal de VILLARS. Ovale in-4, en couleur. Superbe ép., marge.

463 **Simon**. GRÉTRY, compositeur. Ovale in-8, d'ap. *Isabey*. Superbe ép., toute marge.

464 **Simoneau**. Louis BOURDALOUE, jésuite. In-8, d'ap. *Jouvenet*. Superbe ép., marge vierge.

465 **Simonneau** (C.). Claude GROS DE BOZE. Grand in-8, d'ap. *Bouys.* Superbe ép., rare.

466 — LOUIS XIV. Médaillon soutenu par Mercure. L'Histoire apuye son livre sur le Temps. Frontispice, le portrait est par *Pitau.* Petit in-fol., d'ap. *Coypel.*

467 **Simonneau** fils (P.). La même composition, avec moulure autour du trait carré. Petit in-fol. Superbe.

468 **Smith.** Mrs CARTER. In-fol., d'ap. *Kneller.*

469 **Spierre.** FERDINAND d'Autriche. Petit in-fol. Belle ép., sans marge.

470 **Spooner.** Ferdinand de BRUNSWICK-Wolfenbuttle. Petit in-4. Belle ép., marge.

471 **Tardieu** (P.-Alex.). Fr. N. BROCAS. In-4.

472 — COLBERT. In-4. Très-belle ép.

473 — HENRI IV, en pied, d'ap. *Pourbus.* In-4. Très-belle.

474 — HENRI IV, en buste. In-8 et in-4. 2 p. Très-belles ép., marge.

475 **Tardieu** le fils. Madame DU BOCCAGE. In-8, avec une seule ligne dans la tablette blanche, sans marge.

476 — F.-A. de GARSAULT, seig. de Migneres. In-4, d'ap. *Descours.* Très-belle ép.

477 — TURGOT, d'ap. *Ducreux.* In-8, marge in-4. Joli portrait. Superbe ép.

478 **Tardieu** (Alex.). LOUIS XIV. In-8. Superbe ép. avant la lettre, toute marge.

479 — Michel de MONTAIGNE. In-8.

480 — VOLTAIRE jeune, d'ap. *Largillière*. — Le Buste, d'ap. *Houdon*. 2 p. in-8. Très-belles ép.

481 **Tassaert**. Charlotte CORDAY, d'après Hauer, avec la scène de l'assassinat au bas; petit in-fol. très-belle ép.

482 **Thomassin**. P. BOURDELOT. médecin. In-8, d'ap. de *Largillière*, superbe ép. marge.

483 **Trouvain**, Maréchal de CHOISEUL. en pied, petit in-fol. Très-belle ép.

484 — Denise CAMUSAT. femme Le Petit. Grand in-4, superbe.

485 **Vallée** (S.). TAISAND littérateur. In-8, très-belle ép. grande marge.

486 **Van der Werff** (D'ap.). CHARLES Ier — Henriette Marie, 2 p. petit in-fol. Très-belles ép. marge.

487 **Vangelisty**. Anne-Marie Martinozzi, princesse de CONTI. In-8, très-belle ép.

488 **Vérité**. Bouche — Camus — Clermont-Tonnerre — Le Pelletier St-Fargeau — Malouet — Treilhard. 6 p. in-8, marge.

489 **Vermeulen**. Jeanne SEYMOUR — Cath. HOWARD, 2 p. petit in-fol. Superbes.

490 **Watelet** 1754. J. d'ALEMBERT. Profil in-4, d'ap. *Cochin*, belle ép.

491 — S.-R. BAUDOUIN, capitaine aux gardes-françaises. In-4, d'ap. *Cochin*. superbe.

492 — S.-C. BOUTIN. In-4, d'ap. *Cochin*, superbe ép., marge.

493. — C.-A. de Villeneuve comte de VENCE. In-4, d'ap. *Cochin.* Le nom en deux lignes au bas. — Le même, les noms sur le rond du médaillon et les armes au bas ont remplacé les deux lignes de noms. 2 p., très-belles.

494. — Marc Réné, marquis de VOYER. In-4, d'ap. *Cochin.* Très-belle ép.

495 **Wedgwood.** Pierre CORNEILLE, ovale dans un entourage orné. Superbe ép. in-8, avant la lettre, sur chine, toute marge.

496 **Will** (L.-G.). CHARLES FRÉDÉRIC, roi de Prusse. In-8, très-belle ép.

497 — Magdeleine de SCUDERI. In-8. très-belle ép.

498 — Antoine de SINGLIN, d'ap. *Champagne.* Petit in-fol., très-belle ép.

499 — La tante de Gérard Dow. Petit in-fol., superbe ép., avant la lettre, grande marge.

PORTRAITS PAR NOMS

500 **Bergasse** (Nicolas) né à Lyon. Ovale in-4, par *Sardsam.* — Autre chez Le Vachez, très-rare. 2 p. superbes.

501. **Causeur** (Jean). Centenaire. In-4, avant toute lettre.

502 **Charles I.** roi d'Angleterre. Ovale *eau-forte pure* — par Basan — par Desrochers — par P. de Iode. 4 p. in-8, très-belles.

503 **Charles IV**, roi d'Espagne, et sa famille.
Rond in-4, *eau-forte pure*, rare.

504 **Charlotte Corday**, dessinée et gravée
d'ap. nature. Ovale in-4. *Mge... sculp.* Superbe
ép., marge.

505 **Debucourt**. Peintre graveur en couleur,
petit portrait, très-belle ép., toute marge.

506 **Dillis** (W.). In-fol. *eau-forte pure*.

507 **Du Barry** (Mme la comtesse) in-4, très-
belle ép.

508 **Elisabeth** (Mme). Superbe eau-forte, ovale
in-4, avant toute lettre. Magnifique ép., marge
in-fol.

509 **Frédéric** roi de Prusse, Profil par *Fristsch*,
— par *Huot* avec chapeau. — *Huot* tête nue —
Nilson. 4 p., très-belles ép.

510 **Georges III** roi d'Angleterre, petit rond en
couleur, superbe ép., toute marge.

511 **Gluck**. Ovale — et par *St. Aubin*. 2 p. in-8, —
superbes, toute marge.

512 **Hanneman**. Grand in-8, avant toute lettre,
toute marge.

513 **Monerat** de Quiquéran de Beaujeu évêque.
Grand in-4 superbe, marge.

514 **Henri IV** en buste et en pied, 3 différents.

515 **La Fontaine**. Grand in-4, d'ap. *Rigaud*.

516 **Lecouteux Canteleu**, député de Rouen aux
états-généraux, 1789. Eau-forte pure très-rare.

517 **Le Pelletier St-Eargeau**. Profil ovale
— de la suite de Levacher. 2 p. in-4, superbes.

518 ***Lepelletier St-Fargeau.*** Rond in-18, en couleur, superbe ép., très-rare.

519 — Marat et Chalier, 3 profils superposés, petit rond, très-rare, superbe.

520 — Marat et Chalier, 3 bustes avec celui de la liberté qui les dominent. In-4, très-belle ép. très rare.

521 ***Lescot*** (Mlle) de la comédie italienne. Grand in-8. Très-belle ép. toute marge.

522 ***Louis XIV.*** Grand in-8, chez Hénault et Rapilly. Superbe ép. toute marge.

523 ***Louis XV.*** 3 différents.

524 ***Louis*** dauphin, père de Louis XVI. In-8, superbe.

525 ***Louis XVI.*** In-8 et in-4. 7 portraits différents.

526 ***Louis XVI.*** Marie Antoinette et le dauphin. 3 profils. Petit ovale *L.-P.* superbe d'une grande rareté.

527 — Marie Antoinette et le dauphin, 3 profils, médaillon sur un obélisque funèbre. In-4, par *Ruotte* d'après Sauvage, superbe toute marge.

528 — Vase au saule pleureur. 2 différents grand in-8, avant toute lettre, toute marge, superbes.

529 ***Marie Antoinette*** par Bosselmann — Geoffroy — Roger et Louis XVI, 4 p. très belles.

530 ***Marie Antoinette.*** Grand in-8, par *Le Beau* très belle ép.

531 ***Marie Antoinette.*** Eau-forte in-8, sur chine, marge, grand in-4, superbe ép.

532 — De profil par *Balzer*. In-8, toute marge, rare.

533 — et Louis XVI. In-4 en couleur, par *Chapuy* d'ap. Brion de la Tour, superbes ép. très-rares.

534 — Le rappel de M. Nebker. Louis XVI le reçoit de la reine qui représente la France, petit in-fol. en travers.

535 — Le roi, la reine et le prince royal de France, médaillon chez *Klauber*. In-8, superbe.

536 — et Louis XVI. 2 petits portraits par Le Beau sur la même planche, superbe ép., toute marge.

537 — Frontispice pour Métastase, les Grâces ornant de fleurs le buste de la Reine. In-8, par Le Véau d'ap. Moreau, *eau-forte pure*, marge — terminé rogné a raz et remargé comme chine, 2 p.

538 **Marie Antoinette** — La princesse LAM-BALLE 2 p. Ovales in-4, par *Ruotte*, superbes ép. en couleur.

539 — par *Schiavonetti*. Ovale rayonnant née le 9 novembre 1755 — la même née le 2.. 2 p. belles ép.

540 — MARIE ANTOINETTE de profil en pied, en grand costume de cour, petit in-fol. d'ap. *Le Clerc*, superbe ép. par *Le Beau* toute marge, rare.

541 **Marie-Antoinette**, par V° *Bonnefoix*. In-4 en couleur, d'ap. Mme *Le Brun*. Très-belle ép.

542 **Louis XVII**. Profil par *Hourdain*, d'ap. Bertaux. — Autre d'ap. *Kucharski*. — Autre par *Carne*. Petit rond en couleur. 3 p., très-belles.

543 **Luxembourg**, maréchal. In-4, avant toute lettre, toute marge. Superbe.

544 **Mazarin**, cardinal, par Moncornet, B. Picart et autres. 4 différents.

545 **Mercurianus**, général des Jésuites. Ovale, petit in-8. Superbe.

546 **Musiciens**. Aubert. — Meyerbeer. 2 dont 1 eau-forte pure. — Verdi. 4 eaux-fortes in-8.

547. **Mirabeau**. 2 différents.

548 **Sophie** Ruffey. In-8, par *Delignon*,

549 — Copie moderne. Superbe ép. d'artiste sur chine, marge, in-fol.

550 **Montaigne**. In-8. Très-belle ép., marge.

551 **Napoléon** en prison. *Eau-forte pure* et non terminé. 2 p. in-8, toute marge.

552 — In-8 et in-4, par *Schencker*. 3 p., très-belles.

553 **Le Roi de Rome** assis sur un mouton. Ovale, in-4, en travers, avant toute lettre, marge.

554 **Necker**. Le Compte rendu et autres. 4 diffé-rents.

555 — L'Union des trois ordres. — Retraite de M. Necker, 1781. 2 p. allégoriques, in-4. Très-belles ép.

556 **Philippe II**, roi d'Espagne à cheval. — Autre en buste. 2 p. petit in-fol.

557 **Pilâtre de Rozier**, par *Goulet*. — Autre dans les nuages. 2 p. in-8. Très-belles ép.

558 **Pontius** (P.). Petit in-4. Superbe.

559 **Raucourt** (Mlle). In-4. Marge.

560. **Suwarow**, général des Russes, à cheval.
Petit in-fol en couleur.

561. **Portraits**. Divers étrangers, Rabener. —
Gedeon, baron de Loudon. — Duc de Suder-
manie et autré. 4 p. in-8.

562 — Anciens et modernes. 26 p. 2 lots.

563 — Députés et autres de la Révolution, de Bon-
neville et autres. 16 p.

564 — Barere, Ch. Corday, Danton, C. Desmoulins,
Duroc et autres. 7 p. Superbes ép. in-8, avant
la lettre, dont 4 sur chine, très-grande marge.

565 — Barere, Moreau, Roland et autres. 5 p. avec
la lettre, dont 3 sur chine, très-grande
marge.

566 — Collection Furne. 12 p. avec la lettre. Belles
ép.

567 — Acteurs, Arnal, Potier, en couleur, Madame
Tousez, lithog. 3 personnages en pied.

568 — Peintres : Breughel, Coignet, Monvoisin,
Poussin. 5 p.

569 **Eaux-fortes pures**. Baron. — Barthélemy
en pied. — Florian en pied, sur chine. 3 p. in-8.
Très-belles.

570 — Henriette, femme de Charles 1. — Mᵐᵉ Roland.
2 p. grand in-8. Superbes.

571 — Portraits de jeunes femmes. Eaux-fortes
avant toute lettre; in-8. Superbes.

572 HOPWOOD. Portrait de jeune femme. Superbe
aquarelle in-4.

ESTAMPES & ŒUVRE DE MOREAU LE JEUNE

VIGNETTES

573 **Anonyme**. Repos de chasse, charmante composition. Petit in-fol., *eau-forte pure*. Superbe
ép., marge.

574 **Audran** (B.). La Vérité se découvre aux Muses
de l'Astronomie et de la Géographie, in-4, d'ap.
Tournière. Très-belle.

575 **Aveline**. L'amoureux Guerrier, in-4, d'ap.
Mondon. Très-belle ép., marge.

576 **Boutrois**. Sainte Famille : une sainte reli-
gieuse à genoux adorant l'Enfant Jésus, in-fol.
Eau-forte pure, marge du cuivre.

577 **Choffard**. Titre du cabinet de tableaux du duc
de Choiseul. In-4, avant l'adresse.

578 — Petites pièces tirées de la Campagne du
prince de Prusse. 2 p. *eaux-fortes pures*, toute
marge.

579 — Encadrement du médaillon, Louis XV visitant l'Ecole militaire, par Lempereur. *Eau-
forte pure*.

580 — Dédicace d'Ovide, ép. avant le texte au verso.
Superbe.

581 — Entête de page avec disque couronné avec
deux L. entrelacées, petit in-fol. Superbe.

582 — Les Enfants jetant des pierres à J.-J. Rousseau. Petit in-fol. avant la lettre. Très-belle
ép.

583 — Dieu créant le monde, d'ap. *Raphaël.* — L'hydraulique naturelle, avant et avec la lettre, 3 p. Superbes.

584 — Vignettes diverses, fin de page aux Satyres, fleurs, etc. 12 p., plusieurs avant la lettre.

585 — Grand titre avant toute lettre, avec Mercure qui tient des drapeaux. Superbe ép., in-fol.

586 **Cochin.** Sujets d'enfants, entêtes de pages pour les Sciences. 6 p. in-8, en travers. Superbes.

587 — Circé pour Emile, in-8 et in-4, et autres vignettes diverses. 3 p.

588 — Coriolan, Enlèvement d'Hélène, César répudie Pompeia, Combat des Romains, etc. 6 p. *eaux-fortes pures*, toute marge.

589 **Cochin** (D'ap.). Panis hominum. Sanguine in-4, par Mme *Lingée.* Superbe ép. avant la lettre.

590 — La Mort d'une Sainte, d'ap. le bas-relief du cavalier Bernin, in-4, par *Demarteau* (596). Très-belle.

591 — La Mise au tombeau. — Sainte présentant un lys à l'Enfant Jésus. 2 p. in-4. Sanguines, par *Demarteau* (142). Superbes ép., marge.

592 — Frontispice de l'Encyclopédie, réduction par *C. Boily.* Se vend à Lyon, magnifique ép., marge.

593 **Debucourt.** Chacun son tour. — Inutile précaution. 2 p. en bistre, in-8.

594 **Delvaux.** Berger debout et bergère à genoux implorant le ciel pendant l'orage. Eau-forte pure, et terminé avant la lettre. 2 p. in-8. Superbes.

595 **Duplessis-Bertaux.** Revue dans la cour du Carrousel. *Eau-forte pure*, grand in-8 en travers, rare.

596 — Gretry passant le Styx, Caron l'écoute. *Eau-forte pure*, in-fol. Superbe.

597 — et **Choffard**. La Malmaison entête de lettre, in-4, d'ap. *Carle Vernet*. Superbe ép., toute la marge du cuivre.

598 **Eaux-fortes pures**. Mercure remettant un enfant à des Nymphes. — Diane et Endymion. 2 p. petit in-fol., charmantes compositions. Superbes ép., marge.

599 — L'Adoration des Bergers, la Mort de Turenne, Idylle et sujets divers. 13 p. Superbes.

600 **Eisen.** La Vierge allaitant Jésus. Très-petite eau-forte. — Saint Éloy prêchant. In-8 en rouge. 2 p. originales.

601 **Eisen** (D'ap.). Ah ! Monseigneur, ça ne peut pas se croire, in-4, par *de Ghendt*. Belle ép.

602 — Suite complète de 5 p. in-8 pour les parties du jour. Superbes.

603 — Vignettes diverses par De Longueil, Le Mire, 24 p. 2 lots.

604 **Fortier.** Erigone. — Narcisse. — Cyparisse et autre. 4 *eaux-fortes pures*, in-fol.

605 — Mort de Léandre. — Mort de Sapho. 2 p. in-fol. *Eaux-fortes pures*.

606 — Daphnis et Chloé. — L'Innocence. 2 p. in-fol. *Eaux-fortes pures.*

607 **Freudeberg** (D'ap.). Le Moine découvert par les paysans, pour les Contes. Petit in-8. *Eau-forte pure* et terminé par *Le Roy.* 2 pièces superbes.

608 — La Surprise. In-fol. Marge.

609 **Gaucher.** Vignettes diverses, 12 p, la plupart avant la lettre.

610 **Girardet.** L'Assemblée des notables. Petit in-fol. *Eau-forte pure.*

611 — Siège de la Bastille, 1789. Grand in-4. Très-belle ép.

612 **Gravelot** (D'ap.). Le Sceau enlevé en douze chants. 12 p. in-8. Très-belles.

613 — Vignettes pour divers ouvrages. 17 p. dont une *eau-forte pure.*

614 **Guyot.** Dévouement de Joseph Chrétien, qui a sauvé trois jeunes gens qui se noyaient sous la glace. Ovale équarri en travers en couleur. Petit in-fol. Très-belle ép.

615 **Ingouf** jeune. Sujets de l'histoire de saint Brunot, d'ap. *Le Sueur.* 3 p. in-fol. *Eaux-fortes pures.* Toute marge.

616 — Adoration des bergers, d'ap. Ribera. — Les Canadiens au tombeau de leur enfant. 2 p. in-fol. *Eaux-fortes pures.* Toute marge.

617 **Janinet,** 1790. Projet d'un monument a ériger pour le roi. Grand in-fol. en couleur, d'ap. *Moreau le jeune* (D. 51). Belle pièce avec costumes, voiture. Très-belle ép.

618 **Lantara** (D'ap.). Paysages ovales équarris. Petit in-fol. 2 p. *Eaux-fortes pures.* Superbes.

619 **Larmessin**. Sainte Glossinde. Grand in-8. Superbe. — Jésus prêchant. In-8, par *Desrochers.* 2 p.

620 **Le Barbier** (D'ap.). Nymphe tenant une urne et Vignettes diverses, plusieurs avant la lettre et 3 *eaux-fortes pures.* 12 p. Superbes.

621 **Le Mire**. Naissance de la Vierge. — La Vierge et Jésus adorés. 2 p. petit in-4, d'après *L. Giordano.*

622 — Les Négociants du Levant. — L'heureuse Rencontre. — L'Automne — et autres. 8 p. Superbes.

623 **Le Prince** (D'ap.). Entrée d'une caverne que l'on va explorer. *Eau-forte pure.* Petit in-fol. Marge.

624 — Le Repas de noces en Russie. In-fol. avant la lettre, par *Duclos.* Très-belle ép. Marge.

625 **Louterbourg**. Pièce pour l'agriculture, par de *Ghendt.* In-4. *Eau-forte pure* et terminée. 2 p. Superbes.

626 **Marillier** (C.-P.). Consul romain rendant justice. In-8, d'ap. *La Rue.* Superbe.

627 — (D'ap.). La marquise de Ganges entre ses deux beaux-frères. In-8, par *De Longueil.*

628 — Vignettes pour Gilblas, 2, et 2 autres Vignettes. 4 p. *Eaux-fortes pures.* In-8.

629 — Vignettes pour Baculard d'Arnaud. 13 p. Superbes.

4

630 — Vignettes diverses, par *De Longueil, Gaucher,*
etc. 14 p. Superbes.

631 — Vignettes pour les Voyages imaginaires,
Idilles, etc. 13 p. Superbes.

632 **Masquelier**. La Danse au cabaret, d'ap.
Ostade. Petit in-fol. Eau-forte pure. Superbe.
Marge.

633 **Monnet** (D'ap.), Vignettes diverses, par *Gaucher*
et autres. 12 p.

Œuvre de MOREAU le jeune

634 **Moreau** *le jeune*. Portrait. Esprit Fléchier.
Médaillon soutenu par la Religion et entouré
de la Charité et autres. Petit in-fol. Superbe ép.
Très-rare (Catalogue Draibel. 106).

635 — Gretry, compositeur de musique. In-4.
Superbe ép. Grande marge. [D. 94].

636 — Monseig. de Jarente. In-8 en travers par
Voyez l'aîné, 1771, *non décrit*, d'une grande
rareté. Superbe ép.

637 — Ciceron, d'ap. un marbre antique. In-8, par
Anselin, non décrit. Très-rare. Manque à la Bibliothèque.

638 — P. La Houssaye, violon de la Société des
Enfants d'Apollon. In-8, par *Miger*. Superbe.
Toute marge, *non décrit*. Très-rare. Manque à la
Bibliothèque.

639 **Moreau** le je., 1771. J. Benjamin DE LA BORDE, 1er valet de chambre ordinaire du Roi. Célèbre auteur des chansons. In-4, d'après *Denon*. Magnifique ép. Toute marge. Rare. De la plus belle condition.

640 — J. VERNET. In-4, par *Cathelin*, 1767. Très-belle ép. (D. 86).

641 — Société des Enfants d'Apollon, par Mme *Lingée*. — Breval. — Chardiny. — Lancez. — Lochon. — Mandini. — Nau-de-Ville. 6 p. In-8. Très-belle ép.

642 — VALENCIENNES. In-8, par *Saint-Aubin*. Superbe ép., marge. In-4.

643 **Moreau** le jeune. Scène champêtre, une femme à gauche trait une vache. Petit in-fol. en hauteur. Signé au bas à droite, *Moreau j. 1761*. *Non décrit*. Très-rare. Magnifique ép.

   C'est un des premiers essais de gravure de Moreau.

644 — Tombeau de J.-J. Rousseau, 1773. Petit rond à l'eau-forte d'une grande rareté. *Non décrit*. Manque à la Bibliothèque.

645 — Saint Charles prenant soin des pestiférés, d'ap. *Pujet*. C'est une des premières pièces de Moreau, signée de son monogramme. (D. 14). Très-rare. Superbe.

646 — Pense-t-il à la musique. Petit in-fol., d'ap. Teniers, terminé par *Le Bas* (D. 16). Superbe.

647 — Catafalgue de Marie-Thérèse, d'ap. *Paris*. 2 p. in-4. (D. 34). Superbes.

648 — Départ de MM. Charles et Robert. Ascension 1 décembre, 1783. In-8 (D. 63). Très-belle.

649 — Ex-libris de M. Fontenay (D. 71). Rare. Belle.

650 — Les Hautponnois (D. 138). In-8 Superbe.

651 — La Sérénade, chanson de La Borde. *Eau-forte pure.* Superbe.

652 — Le Rêve, chanson de La Borde. *Eau-forte pure.* Superbe.

653 — Cela ne se peut pas! Vous êtes mon père. In-8. Charmante composition. Superbe ép. (D. 174).

654 — Scènes de l'histoire de France. 2 *Eaux-fortes pures.* Superbes (D. 194).

655 — Le Tournoi. In-8. en travers. Superbe ép., marge.

656 — Pouvoir de l'Amour. Petit in-fol., d'ap. *Deshayes* de Rouen. Magnifique ép., avant la lettre, marge (D. 18). Rare.

657 — Le même, avec la lettre. Superbe ép. Grande marge.

658 — David et Bethsabée. Grand in-fol., d'ap. *Rembrandt* (D. 5). Superbe ép. Grande marge.

659 — Les Pêcheurs, d'ap. J. Vernet. Ovale in-fol. *Eau-forte pure.* Très-belle ép. Rare.

660 — La Paix du ménage. *Eau-forte pure.* — La bonne éducation. *Eau-forte pure* entièrement retouchée par *Moreau* au crayon et à l'encre de chine, ce qui lui donne l'aspect d'un véritable dessin. 2 p. in-fol. de la plus grande rareté.

661 — Les Mariages municipaux. In-fol. *Eau-forte pure.* Tres-rare, le bas coupé.

662 — Tombeau de J.-J. Rousseau à Ermenonville. 1re et superbe ép. in-fol. avec la femme à genoux à gauche.

663 — Ouverture des États-généraux, 1789 (D. 47), avec la liste des noms des députés. — Constitution de l'Assemblée nationale, 1789 (D. 48). 2 p. in-fol. Très-belles.

664 — Statue équestre de Louis-XV, par *Cathelin*. L'encadrement orné de fleurs est gravé par *Moreau*. Superbe ép. grand in-fol.

665 **Moreau** (D'après). Le Lion. In-8, par *Pauquet*, *non décrit*. Superbe. Très-rare.

666 — Deux Matelots parlent à un Sauvage. In-8. Eau-forte pure, *non décrit*. Très-rare. Superbe. Marge.

667 — Posture à cheval. In-8, par *Ingouf* (D. 59).

668 — Trois chinois faisant de la musique. In-8 en travers. Superbe ép. Toute marge (D. 135).

669 — Expérience de l'électricité. In-4, par Baquoy. Superbe ép., avant la lettre. Toute marge.

670 — ***Chansons de La Borde.*** Trois figures dont un berger à genoux près d'une bergère. *Eau-forte pure.*

Étude commence le 11 octobre 1778 et fini le 15 novembre 1778.

671 — Berger et Bergère dansants. *Eau-forte pure.*

Etude commence le 16 novembre et fini le 16 décembre.

672 — Jeune Berger agenouillé près d'une jeune Bergère assise. *Eau-forte pure.*

Commencé a terminé le 12 mars et fini le 5 avril 1779.

673 — Jeune Berger saluant la Bergère. *Eau-forte pure.*

Commencé a terminé le 13 avril, fini le 30 avril 1779.

Ces quatre pièces, très-curieuses, paraissent exécutées par Mlle Saugrain, sous les yeux de Moreau. Très-rares, superbes et toute marge.

674 — Conte d'Imbert (D. 153). In-8, non terminé, avec des retouches au crayon. Superbe ép. avant la lettre.

675 — Vignette pour Adèle de Ponthieu. Tragédie de Saint-Marc (D. 156). In-8. Superbe.

676 — Frontispice pour les Nuits d'Young, par *Le Mire. Eau-forte pure* in-8. Très-belle (D. 159).

677 — Mort de Menzikoff. In-8, par *Helman*, 1775. Superbe ép. avant la lettre (D. 164).

678 — Grotte et Trophée. Frontispice; par *Le Mire. Eau-forte pure.* Très-rare (D. 169).

679 — Frontispice du Plutarque de Cussac. Superbe ép. in-8 avant la lettre, par *Halbou* (D. 189).

680 — Pièces pour Shakespeare, par *Le Mire.* Une ép. d'*eau-forte pure.* Superbe et deux autres pièces avec la lettre. 3 p. in-8 (D. 191).

681 — Philoclès dans l'île de Samos, avant la lettre et *eau-forte pure.* 2 p. in-8. Superbes (D. 192).

682 — Vignette pour Regnard. In-8 par *Halbou*, avec des retouches au crayon (D. 197).

683 — Nouveau Testament et les Actes des Apôtres (D. 209). 54 p. *eaux-fortes pures*, et 4 terminées avant la lettre. En tout 55 p. superbes.

684 — Vignettes pour **Paul** et **Virginie**. In-12. *Eaux-fortes pures.* 3 p. et la mort de Virginie, d'ap. *Vernet*, avant la lettre. Ces 4 p. très-rares sont superbes. 1ʳᵉ suite de 1789.

685 — Départ de Virginie. In-4. *Eau-forte pure,* et terminé par *Prot.* Superbes ép. (227).

686 — Dévouement de Cimon. In-8, par *Manceau.* Superbe ép. marge (D. 207).

687 — Virgile, Bucoliques et Georgiques. 7 p. in-8 dont 2 *eaux-fortes pures* (D. 216). Superbes.

688 — Virgile, Énéide. 4 p. in-8 avant la lettre, toute marge. Vénus remontant aux cieux, en double, à l'*eau-forte pure.* En tout 5 p. superbes (D. 224).

689 — J.-J. Rousseau, suite pour la Nouvelle-Héloïse et les Confessions. *Eaux-fortes pures* complètes, 18 et 7 terminées avant la lettre. En tout 33 p. Superbes ép. avec marge (D. 218).

690 — L'Amour faisant danser les Grâces. In-8, par *Baquoy.* Superbe ép. avant la lettre (D. 222).

691 — Cinq entêtes de pages et une *eau-forte pure,* et cinq grands Fleurons, et une *eau-forte pure,* 12 p. magnifiques ép. pour le musée Français (D. 225).

692 — Charles-Martel. In-8 avant la lettre et *eau-forte pure.* 2 p. superbes, avec marge (D. 226).

693 — Mes passe-temps, de J.-E. Despreaux. 2 p. in-8 avant la lettre. Superbes ép., marge (D. 228).

694 — Le comte de Valmont, Suite complète de 6 p. in-8. magnifique ép. avant la lettre, marge vierge (D. 231).

695 — Jeune Homme montrant le ciel à une Femme agenouillé près d'un tombeau. In-8. *Eau-forte pure* et terminée avant la lettre, 2 p. superbes, toute marge (D. 235).

696 — Thudicide et Xénophon. Suite complète de 7 p. avant la lettre et 4 *eaux-fortes pures.* 10 p. superbes (D. 236).

697. — Le Mérite des femmes. In-8, suite de 3 *eaux-fortes pures* et 2 avant la lettre. 5 p. superbes (D. 240).

698. — Le Mérite des Femmes. In-12, avant la lettre, et eau-forte. 2 p. superbes avec marge.

699. — Florian. *4 eaux-fortes pures* et 4 avant la lettre. 8 p. superbes (D. 249).

700. — Labédoyère visitant l'hermite de la Grande-Chartreuse. Magnifique ép. in-8 avant la lettre, marge vierge (D. 252).

701. — Idile. Il faut lui faire un tour nouveau, et fleuron. 2 p. très-belles.

702. — Mes quatre âges. *Eau-forte pure*, et terminé. 2 p. superbes.

703. — Frontispice, et les Cerfs. 2 p. in-4, pour les mois de Roucher. Très-belles ép.

704. — Mariamne. In-4, avant la lettre. Très-belle ép., marge.

705. — Costumes orientaux, par Halbou. 4 p. in-8 avant la lettre. Très-belles.

706. — Ovide. Vénus et Adonis. *Eau-forte pure*, — avant la lettre, par *Courbe*. Grand in-8, 2 p. superbes, toute marge.

707. — Biblis changée en fontaine. *Eau-forte pure*, — avant la lettre, par *Devilliers*. Grand in-8, 2 p. superbes, toute marge.

708. — Thésée combattant le Minotaure. *Eau-forte pure*, — avant la lettre, par *Dambrun*. 2 p. grand in-8, superbes, toute marge.

709. — Hercule terrassant le Taureau. *Eau-forte pure*, — avant la lettre, par Thomas. 2 p. grand in-8, superbes, toute marge.

710 — Énée sauvant son père Anchise. *Eau-forte pure*, — avant la lettre, par *Courbe*. 2 p. grand in-8. Très-belles ép., toute marge.

711 — Cérès cherchant sa fille. *Eau-forte pure*, — avant la lettre, par *Dambrun*. 2 p. grand in-8, superbes, toute marge.

712 — Atalante. *Eau-forte pure*, — avant la lettre, par *Courbe*. 2 p. grand in-8, superbes, toute marge.

713 — Latone. *Eau-forte pure*, — avant la lettre, par *Devilliers*. 2 p. grand in-8, superbes, toute marge.

714 — Enlèvement de Déjanire. *Eau-forte pure*, — avant la lettre, par *Baquoy*. 2 p. grand in-8, superbes, toute marge.

715 — Dédale et Icare. *Eau-forte pure*, — avant la lettre, par *Delvaux*. 2 p. grand in-8, superbes, toute marge.

716 — Borée. *Eau-forte pure*, — avant la lettre, par *Mariage*. 2 p. grand in-8, superbes, toute marge.

717 — Meleagre. *Eau-forte pure*. Avant la lettre, par *Pigeot*. 2 p. grand in-8, superbes, toute marge.

718 — Lyncus changé en lynx en voulant tuer Triptolème. *Eau-forte pure*, — avant la lettre, par *R. de Launay*. 2 p. grand in-8, superbes, toute marge.

719 — Ceyx et Alcyone. *Eau-forte pure*, — avant la lettre, par *Delvaux*, — avant la lettre par Ponce. 3 p. grand in-8, superbes, toute marge.

720 — Sacrifice d'Iphigénie. *Eau-forte pure*, — avant la lettre, par *Ponce*. — Composition différente, avant la lettre, par *Delvaux*. 3 p. grand in-8, superbes.

721 — Adieux d'Ovide. *Eau-forte pure*, — avant la lettre, par *Langlois*. 2 p. grand in-fol., superbes, toute marge.

722 — Ovide que l'on couronne. *Eau-forte pure*, — avant la lettre, par *Hulk*. 2 p. grand in-8, superbes, toute marge.

723 — Femme blessée, — Fleuve et Nymphe, — Femme qui se précipite dans la mer avec son enfant. 3 *eaux-fortes pures*, — les mêmes avant la lettre. 6 p. grand in-8. Superbes.

724 — Minerve. — Combat et autres. 4 *eaux-fortes pures*, — les mêmes avant la lettre, et Guerrier blessé. En tout 9 p. grand in-8, superbes.

725 — Déclaration de la Grossesse, par *Martini*.

726 — Les Précautions, par *Martini*.

727 — Les Délices de la Maternité, par *Helman*.

728 — L'Accord parfait, A.P.D.R., par *Helman*.

729 — Le Pari gagné, par *Camligue*.

730 — Le Rendez-Vous pour Marly, par *Guttemberg*.

731 — La Sortie de l'Opéra, par *Malbeste*.

Ces sept pièces sont in-fol., très-belles ép., font partie du Monument du Costume physique et moral au xviiie siècle.

732 — La Dame du Palais de la Reine. *Eau-forte pure* de la Copie moderne. In-fol. Très-belle ép., toute marge.

733 — Institution de l'ordre de la Toison-d'Or. *Eau-forte pure*, et avant la lettre, par *Duclos*. 2 p. superbes.

734 — Procession d'Isis. Grand in-fol. *Eau-forte pure* pour l'Histoire des Religion (D. 203).

735 — Procession en l'honneur de la déesse Isis. Grand in-fol. avant la lettre et avec la lettre, par *Giraud*. — Les épreuves pour la réception des initiés, par *Petit*. In-fol., 3 p. superbes.

736 — Le maréchal Berthier demande à l'impératrice d'Autriche la main de Marie-Louise. — Cérémonie de la remise à Brunau. 2 p. petit in-fol., par *Gros*. Superbes ép. marge vierge.

737 — Dernières paroles de J.-J. Rousseau. In-fol., par *Guttemberg*. Superbe ép., grande marge (D. 44).

738 — Réduction du même sujet. In-8, en contrepartie, par *Le Cerf*. *Eau-forte pure*, et terminée. Superbes ép., 2 p. marge.

739 — Arrivée de J.-J. Rousseau aux Champs-Élysées. *Eau-forte pure*. In-fol. (D. 45). Très-belle.

740 — Arrivée de J.-J. Rousseau aux Champs-Élysées. In-fol., par *Macret*. Très-belle ép. avant la décicace.

741 — Le même sujet. Réduction in-8 en contrepartie, par *Fortier* et *Pauquet*. *Eau-forte pure*, et terminé par *Dupreel*. 2 p. Superbes ép., marge.

742 — Assemblé du Conseil du grand Seigneur. In-fol. par *Malbeste*. Superbe.

743 — Vue de la plaine des Sablons, avec la revue des gardes françaises. Très-grand in-fol. par *Malbeste*, plié (D. 42).

744 — Groupe tiré de la plaine des Sablons. In-4 par *Malbeste*, avec le texte au bas. In-fol. toute marge, superbe ép.

745 — Mirabeau arrive aux Champs-Élysées. In-fol. *eau-forte pure*, superbe ép., marge (D. 53).

746 — Le même sujet terminé, par *Masquelier*, belle ép.

747 — Frontispice du Voyage pittoresque de la Suisse. Grand in-4 avant toute lettre, superbe.

748 — Le même Frontispice, avec la lettre, par *Martini*. Superbe ép. toute marge (D. 188).

749 — Le même Frontispice. In-fol., *eau-forte pure* par *Pelicier*. — Le même terminé, par *Née*. 2 p. très-belles.

750 — Devouement du marechal de Molac. *Eau-forte pure*, grand in-4 (D. 46). Superbe.

751 — Titre du Tableau général de l'Empire Otto-man; Mahomet le sabre à la main, lève la main gauche vers le ciel. *Eau-forte pure* in-fol. très-rare, marge vierge.

752 — Le même terminé, par *Simonet*. In-fol. avant la lettre, superbe ép., marge vierge.

753 — Henri IV chez le meunier. *Eau-forte pure* in-fol., sans marge.

754 — Henri IV chez le meunier, terminé par *Simonet*. Superbe ép. avant la lettre (D. 32).

755 — Vue de Cavite dans la baie de Manille. In-fol. par *Simonet*. Superbe ép. avant toute lettre (217).

756 — Titre de l'Atlas du Voyage de La Perouse. In-fol, par *Trière*. Superbe ép. avant la lettre.

757 — Le même, avec la lettre. Superbe ép.

758 — Titre du jugement de Pâris, les Incas, et
autres. 15 p. dont 4 *eaux-fortes pures* pour
Rousseau, etc.

759 **Morret**. Les Flamands en belle humeur. —
La Faiseuse de galette. 2 p. petit in-4 en couleur, très-belles ép.

760 **Née** et **Masquelier**. Les Garants de la féli-
cité publique. In-fol. d'ap. *Saint-Quentin.*
Superbe ép., marge vierge.

761 **Ouvrier**. Le Marché aux légumes, d'ap. *Pierre.*
Eau-forte pure petit in-fol.

762 **Picart** (B.). Scène d'Hyménée. Charmante
composition petit in-4, superbe.

763 **Pièce historiques.** Titre du grand Banquier
de France, dédié à Colbert. — Louis XV tenant
les sceaux. 2 p. in-8.

764 — Allégorie : Mars entraîne Louis XIV. *Eau-*
forte pure petit in-fol.

765 — Le Gâteau des rois. Grand in-4, superbe ép.,
marge.

766 — Le peuple force les passants à saluer
Henri IV. Petit in-fol. d'ap. *Girardet.*

767 — Adieux de Lesurque à sa famille. Grand
in-8.

768 — Vigée et la Mort, colorié. — Le sans tort.
2 p.

769 — Monument proposé par Normand à élever
place Dauphine à la mémoire de Desaix. Grand
in-4 à l'encre de Chine, superbe.

770 — Le temps fauche, les Portraits de Robespierre, Mirabeau, Bailly et autres, avec des assignats. Petite pièce ronde, en couleur, pour tabatière, très-rare.

771 — L'Égalité, en couleur. — Médaille offerte au corps législatif par *Palloy* et autre. 3 p.

772 — Le Calculateur patriote. — Nous mangerons le monde. 2 p. rares.

773 — Diogène fait sortir Marat de la cave. In-4, très-belle ép. toute marge, rare.

774 — Figures des départements. — Le Pape ayant une vision, avant le titre in-4 en bistre. 2 p.

775 — Ceremonie à Notre-Dame. In-4 par *Née*, collé.

776 **Prevost.** Combat de Constantin et de Maxence. Eau-forte pure petit in-fol., toute margé.

777 **Prudhon** (D'ap.). Naufrage de Virginie, in-4, et autres Vignettes pour Paul et Virginie. 4 p. dont 3 *eaux-fortes pures*

778 **Queverdo** (D'ap.) et autres. Vignettes diverses. 12 p.

779 **Saint-Aubin** (Aug. de). L'Aurore et Céphale. — Enlèvement d'Europe. 2 p. in-8, d'après *Boucher*.

780 — Moïse. — Hercule. — Frontispice. — Danse russe. — Femmes Tchoukschi. 5 p. très-belles.

781 — Ovide, Orphée et Euridice. In-8, *eau-forte pure* et terminé, avec bordure. 2 p. superbes.

782 — Fleurons pour l'ouvrage des pierres gravées du duc d'Orléans. 9 p. Tirage à part avant le texte, superbes ép. toute marge.

783 — Pierres gravées. 12 p. avant les n°°, superbes ép. toute marge.

784 — Pandore, Camées et Vignettes diverses. 28 p., 2 lots.

785 **Simonet**. Apelles et Campaspe. Petit in-fol. sur chine, eau-forte pure, toute marge.

786 **Tauche**. Les Buveurs. Eau-forte petit in-4, d'ap. *Derais*, 1774.

787 **Titres** par Demarteau et d'ap. Marillier et autres. 7 p. très-belles.

788 **Zing**. Port de mer. In-fol., eau-forte pure.

789 **Sujets divers**. *Eaux-fortes pures*. Vierge et Jésus. — Jésus et la Samaritaine. — Femme à genoux. 3 p. in-fol.

790 — Corine au cap Misène. — Piron à la porte d'Auteuil. — L'Orpheline, et autre. 4 p. in-fol., *eaux-fortes pures*.

791 — Garçon, par Godefroy. — Scène de masqué en Italie, par Queverdo. — L'Amour sur le monde, par Morel. — Le Gué, par Weisbrod. 4 p. *eaux-fortes pures*.

Désignation				
12 × 8 Main chargées et 4 enveloppes	12	50		
Honoraires 10 %	1321	25		
× 22 montages in fol. à 25	5	50	48	40
1 286 — ¼ à 15	42	90		
Transport d'hôtel	2	50	1413	25
100 affiches caltonbier et afficheur	53			
Insertion au Moniteur des Ventes	20	30		
Déclaration de Vente	2	20		
Timbre du Procès verbal	10	80		
Enregistrement	330	50		
Versement en Bourse commune	416	40		
Honoraires de Mᵉ Delestre	416	40		
Clerc et Crieur	36			
Location de la salle à 3 jours	93	20		
800 Catalogues	483	50		
Journée du commissionnaire	15			
Pour supplément de travail	29			
Enregistrement de la décharge	3	75		
	3323	30		
Déduire les 5 % au acquereurs	660	65	2662	65
			10,549	85

L'ART DU XVIIIe SIÈCLE

DE MM. DE GONCOURT

15 Portraits gravés par Adolphe VARIN

GONCOURT (JULES de) auteur.
GONCOURT (EDMOND de) auteur.

MOREAU le jeune, dessinateur et graveur.
FRAGONARD (HONORÉ), peintre et graveur.
COCHIN, dessinateur et graveur.
PRUDHON, peintre et graveur.
CHARDIN (J.-SIMÉON), peintre.
GREUZE, peintre.
GRAVELOT, dessinateur,
SAINT-AUBIN (AUG.), dessinateur et graveur.
BOUCHER, peintre.
WATTEAU, peintre,
DEBUCOURT, dessinateur et graveur.
LATOUR (M Quentin de), peintre au pastel.
EISEN, dessinateur.

CES 13 PORTRAITS PEUVENT ILLUSTRER

LES DESSINATEURS D'ILLUSTRATIONS AU XVIIIe SIÈCLE

Par le baron Roger de PORTALIS

GILLOT (CLAUDE) dessinateur, graveur, par Legenisel.
WATELET (CLAUDE-HENRI), artiste amateur, par Legenisel.
L'ABBÉ DE SAINT-NON, auteur du *Voyage en Sicile.*
CHOFFARD (P.-PH.), dessinateur de fleurons, par A. Varin.
BARON REGNAULT (J.-B.), peintre, par Legenisel.
LE COMTE (MARGUERITE), amie de Watelet, par Perronard.
GAUCHER, graveur, par Adolphe Varin.
WILLE (JEAN-GEORGES), graveur, par Adolphe Varin.
DE MARCENAY DE GUY, graveur, dessinateur, par Legenisel.
DE LAUNAY (NICOLAS), graveur, par Adolphe Varin.

AVANT LA LETTRE OU LETTRE GRISE

Bistre ou noir sur chine.......................... 2 fr. 50
Bistre ou noir sur blanc.......................... 2   »

AVEC LA LETTRE

Bistre ou noir sur chine .... 1 fr. 25
Bistre ou noir sur blanc.......................... 1   »

Chez VIGNÈRES, rue de la Monnaie, 21, à Paris

Vᵉˢ RENOU, MAULDE et COCK. imprs de la Cie des Commissaires-Priseurs
rue de Rivoli 144.   93633